BEI GRIN MACHT SICH IHR WISSEN BEZAHLT

- Wir veröffentlichen Ihre Hausarbeit, Bachelor- und Masterarbeit

- Ihr eigenes eBook und Buch - weltweit in allen wichtigen Shops

- Verdienen Sie an jedem Verkauf

Jetzt bei www.GRIN.com hochladen und kostenlos publizieren

Bibliografische Information der Deutschen Nationalbibliothek:

Die Deutsche Bibliothek verzeichnet diese Publikation in der Deutschen National-
bibliografie; detaillierte bibliografische Daten sind im Internet über http://dnb.d-
nb.de/ abrufbar.

Impressum:

Copyright © 2016 GRIN Verlag, Open Publishing GmbH
Druck und Bindung: Books on Demand GmbH, Norderstedt Germany
ISBN: 9783668593084

Dieses Buch bei GRIN:

http://www.grin.com/de/e-book/381330/widerstand-in-change-prozessen-gruende-
fuer-widerstand-im-changemanagement

Julia Sinz

Widerstand in Change-Prozessen. Gründe für Widerstand im Changemanagement und Möglichkeiten der Intervention

GRIN Verlag

GRIN - Your knowledge has value

Der GRIN Verlag publiziert seit 1998 wissenschaftliche Arbeiten von Studenten, Hochschullehrern und anderen Akademikern als eBook und gedrucktes Buch. Die Verlagswebsite www.grin.com ist die ideale Plattform zur Veröffentlichung von Hausarbeiten, Abschlussarbeiten, wissenschaftlichen Aufsätzen, Dissertationen und Fachbüchern.

Besuchen Sie uns im Internet:

http://www.grin.com/

http://www.facebook.com/grincom

http://www.twitter.com/grin_com

AKAD University

Studiengang: Angewandtes Management –
Master of Arts (M.A.)

Assignment

Widerstand in Change Prozessen – Gründe für Widerstand im Changemanagement und Möglichkeiten der Intervention

eingereicht von:

Name: Julia Sinz

Modul: Changemanagement

Datum: 16.12.2016

Inhaltsverzeichnis

Abbildungsverzeichnis

1 Einleitung

„Es ist nicht die stärkste Spezies die überlebt, auch nicht die intelligenteste, es ist diejenige, die sich am ehesten dem Wandel anpassen kann"[1]. Dies ist eine berühmte Aussage des britischen Naturforschers Charles Darwin, die bereits deutlich macht, wie präsent Veränderungen seit jeher in der Gesellschaft sind. Aufgrund der steigenden Komplexität und Dynamik der Unternehmensumwelt werden auch die Anforderungen an Organisationen immer größer, sich diesem Wandel anzupassen und ihn systematisch zu bewältigen. Um die Effizienz von Unternehmen und somit deren langfristigen Unternehmenserfolg zu gewährleisten, sind demnach ständige Anpassungen und Veränderungen der Strukturen und Prozesse notwendig.. In diesem Zusammenhang hat deshalb auch der wissenschaftliche Bereich des Changemanagement in den letzten Jahren immer mehr an Bedeutung gewonnen. Organisationen müssen dafür sorgen, dass Veränderungen zielgerichtet koordiniert, organisiert und durchgeführt werden. Aufgrund der steigenden Dynamik der Unternehmensumwelt sind Entscheidungen dieses Bereichs von großer Bedeutung für die Sicherung des langfristigen Unternehmenserhalts.

Da bei Veränderungen grundsätzlich mit Widerstand zu rechnen ist, ist eine detaillierte Auseinandersetzung mit dieser Thematik unerlässlich. Es ist deutlich zu erkennen, wie wichtig die richtige Analyse und Kenntnis der Ursachen und Bewältigungsmethoden von Widerständen im Changemanagement ist. Die immer kürzer werdenden Innovationszyklen und der stetige Wandel der Unternehmensumwelt machen diese Thematik zu einem wichtigen wissenschaftlichen Bereich, der sehr viele unterschiedliche Faktoren aufweist. Aus diesem Grund erscheint eine detaillierte Auseinandersetzung mit den Ursachen für Widerstände im Changemanagement und dem möglichen Umgang mit diesen durchaus sinnvoll.

1.1 Problemstellung und Zielsetzung

Die genaue Kenntnis der Widerstandsarten und der richtige Umgang mit Widerstand im Changemanagement ist ein komplexes Thema mit vielen relevanten Aspekten und

---

[1] Vgl. Groth (Leadership Journal): „Die besten Zitate über Veränderung"; URL: http://www.leadershipjournal.de/zitate/veraenderung-zitat/, Stand: 12.12.2016 21:00 Uhr.

Einflussfaktoren, die alle betrachtet und bewertet werden müssen. Dementsprechend soll im Rahmen dieser Arbeit erklärt werden, warum es im Changemanagement häufig zu Widerständen kommt und welche Möglichkeiten es gibt, diesen Widerständen angemessen zu begegnen. Hierzu werden die relevanten Begrifflichkeiten erklärt und die grundlegenden Ursachen und Arten von Widerständen sowie Grundlagen zum Umgang mit diesen vorgestellt. Am Ende der Arbeit sollen die Ergebnisse zusammengefasst werden und eine kritische Reflexion erfolgen. Die gesamte Arbeit soll demnach einen guten Überblick über Ursachen und Bewältigungsmethoden für Widerstände im Changemanagement darstellen.

1.2 Bearbeitungsmethode und Aufbau der Arbeit

Für das bessere Verständnis der Arbeit ist es notwendig in Kapitel 2 zunächst die theoretischen Grundlagen der Arbeit zu klären, hierzu werden die Begriffe „Changemanagement" und „Widerstand" genauer definiert. Im weiteren Verlauf der Arbeit werden in Kapitel 3 die unterschiedlichen Ursachen und Arten von Widerstand dargestellt sowie in Kapitel 4 der Umgang mit Widerständen im Changemanagement vorgestellt und erläutert. Abschließend erfolgen in Kapitel 5 eine Zusammenfassung der Ergebnisse und eine kritische Reflexion der Arbeit.

2 Konzeptionelle Grundlagen

Um eine theoretische Basis für die Beschäftigung mit den unterschiedlichen Ausprägungen, Ursachen und Umgangsformen von Widerständen im Rahmen des Changemanagement zu schaffen, soll zunächst der Bereich des Changemanagements und der Begriff „Widerstand" definiert werden, da diese die weiteren Ausführungen der Arbeit prägen. Es soll zu Beginn festgelegt werden, was im Rahmen dieser Arbeit unter Changemanagement verstanden werden soll, da es hier teilweise unterschiedliche Auffassungen gibt.

2.1 Definition Changemanagement

Die Definition des Changemanagements ist in der Fachliteratur zum Thema nicht einheitlich, es existiert eine Vielzahl unterschiedlicher Definitionen, die sich teilweise unterscheiden, in den wichtigsten Zielen und Aufgaben jedoch übereinstimmen.

Diese Vielfalt resultiert teilweise aus der Tatsache, dass das Konzept aus vielen unterschiedlichen Sichtweisen heraus definiert wurde. Der Hauptunterschied der Definitionen liegt jedoch lediglich im Definitionsumfang und nicht im konkreten Inhalt.[2] Für den Rahmen dieser Arbeit wird eine umfassende Definition als sinnvoll erachtet, da diese alle wichtigen Aspekte und Merkmale des Konzepts beinhaltet.

Eine recht weite Definition liefert beispielsweise Vahs, indem er den Fokus auf die ständige Entwicklung von Organisationen und den diesbezüglichen Veränderungen legt und dabei betont, dass diese Maßnahmen zielgerichtet geplant, analysiert, durchgeführt und hinsichtlich ihrer Zielerreichung gemessen werden müssen.[3] Es ist also festzuhalten, dass es sich beim Changemanagement um eine klassische Managementtheorie handelt, die sich mit der systematischen – also aktiven – Gestaltung von Veränderungsprozessen in Unternehmen beschäftigt, die durch veränderte externe oder interne Rahmenbedingungen erforderlich werden. Wichtig ist, dass es sich bei den genannten Veränderungsprozessen hauptsächlich um solche 2,Ordnung handelt, d.h. um gravierende Einschnitte und nicht lediglich um kontinuierliche kleine Verbesserungen. Dementsprechend bezieht sich das Changemanagement hauptsächlich auf die Handlungsfelder Kultur, Organisation, Technologie und Strategie. Als Ziel für das Changemanagement lassen sich weitreichende erfolgreiche Veränderungen definieren, die zur langfristigen Sicherung des Unternehmenserfolgs beitragen.[4]

Im Rahmen dieser Arbeit werden unter Changemanagement also alle Maßnahmen zur aktiven Gestaltung und Lenkung von radikalen Veränderungsprozessen in Unternehmen verstanden, die das Unternehmen von einem Ausgangs- zu einem Zielzustand führen, der die Organisation besser an die Umweltbedingungen anpasst.[5] Diese werden systematisch analysiert, geplant, realisiert und bewertet. Im Anschluss an diese grundlegende Definition des Konzepts soll im Folgenden noch der Begriff

---

[2] Vgl. Claßen (2008), S. 39.

[3] Vgl. Vahs (2005), S. 260.

[4] Vgl. Wolff / Berning (UFU502), S. 47.

[5] Vgl. Bartscher / Stöckl (FGI401), S. 8ff.

„Widerstand" definiert werden, um daraufhin Widerstände im Zusammenhang mit dem Changemanagement genauer untersuchen zu können.

2.2 Definition Widerstand

Wie zu Beginn der Arbeit bereits erwähnt wurde, vollziehen sich Veränderungen in der heutigen Zeit immer rascher und führen oft zu einem radikalen Wandel für Organisationen und deren Mitarbeiter. Diese Veränderungen können nicht immer nur positiv für Mitarbeiter sein, weshalb es häufig zu Widerständen kommt. Aus diesem Grund soll zunächst kurz definiert werden was unter Widerständen verstanden wird. Widerstand bezeichnet geistige Barrieren, die sich durch die aktive oder passive Abwehr von Veränderungen äußern.[6] Demnach richten sich Widerstände gegen Veränderungsprozesse und können in unterschiedlichen Formen geäußert werden. Ganz allgemein kann Widerstand als Reaktion auf eine empfundene Einengung der eigenen Freiheit definiert werden, die auf die Wiedererlangung dieser Freiheit abzielt.[7] Ein weiteres Merkmal von Widerstand ist, dass die Gründe für die Ablehnung objektiv logischer und wichtiger Entscheidungen nicht direkt ersichtlich oder nachvollziehbar sind.[8]

Im Changemanagement tritt Widerstand in ganz unterschiedlichen Formen und aus ganz unterschiedlichen Ursachen auf. Nachdem in diesem Kapitel die nötigen definitorischen Grundlagen geschaffen wurden, folgt nun die Untersuchung der Gründe für Widerstand im Changemanagement und dessen Merkmale und Arten.

3 Ursachen und Arten für Widerstand im Changemanagement

Es gibt viele unterschiedliche Ursachen und Ausprägungsformen von Widerständen im Changemanagement, die nicht immer leicht erkennbar sind. Aufgrund der zu Beginn der Arbeit begründeten Relevanz des Themas sollen nun zunächst mögliche

---

[6] Vgl. Bartscher / Stöckl (FGI402), S. 5.

[7] Vgl. TRUECARE GmbH PROJECT PERFORMANCE: „Umgang mit Widerstand im Projektmanagement", URL: http://www.projektmanagementhandbuch.de/soft-skills/umgang-mit-widerstand/, Stand: 12.12.2016 14:00 Uhr.

[8] Vgl. Doppler / Lauterburg (2005), S. 324.

Ursachen für Widerstand erläutert werden und im Anschluss die grundlegendsten Arten von Widerständen im Changemanagement dargestellt und beschrieben werden.

3.1 Gründe für Widerstand

Wie bereits bei der Definition des Begriffs so gibt es auch bei der Festlegung der Ursachen für Widerstände Unterschiede in der Fachliteratur. Jedoch sind einige Hauptursachen bzw. Kategorien von Ursachen klar erkennbar und sollen hier kurz angeführt werden, um eine bessere Annäherung an das Thema zu erreichen. Neben Gründen, die ihren Ursprung in der Persönlichkeit des Einzelnen haben, gibt es auch jene, die pauschal bei allen Mitarbeitern auftreten können. Generell entstehen Widerstände oft, weil die Veränderungen nicht verstanden oder nicht als notwendig empfunden werden, die Mitarbeiter ungenügend informiert und einbezogen werden oder verschiedenste Ängste haben.[9] Des Weiteren führt auch unzureichendes Vertrauen in die Geschäftsführung oder Angst vor persönlichen Nachteilen wie Einkommenseinbußen oder Mehrarbeit oft zur Ablehnung von Veränderungsprozessen. In manchen Fällen wird ein Veränderungsvorhaben auch zugleich als Kritik an der bisherigen eigenen Arbeit oder Leistung gesehen und führt deshalb zu Unmut bei den betroffenen Mitarbeitern.[10]

Die Ursachen für Widerstände im Changemanagement können demnach allgemein in zwei Kategorien eingeteilt werden: rationale und persönlich-emotionale Ursachen. Letztere beziehen sich hauptsächlich auf persönliche Ängste und persönlich empfundene Nachteile der Veränderungen, während erstere ihre Grundlage in logisch nachvollziehbaren und objektiven Fakten haben. Dies kann beispielsweise der Fall sein, wenn objektiv betrachtet eine andere Lösung – aus ökonomischen, technischen oder rechtlichen Gründen – besser geeignet wäre als die angestrebte.[11] Oft wird auch der bisherige Zustand als gut erachtet und die Veränderung wird demnach nicht als not-

---

[9] Vgl. Grolmann: „Wie sich Widerstand im Change Management positiv nutzen lässt", URL: https://organisationsberatung.net/widerstand-change-management-veraenderungsprozess/, Stand: 12.12.2016 14:00 Uhr.

[10] Vgl. Vahs (2009), S. 349 ff..

[11] Vgl. TRUECARE GmbH PROJECT PERFORMANCE: „Umgang mit Widerstand im Projektmanagement", URL: http://www.projektmanagementhandbuch.de/soft-skills/umgang-mit-widerstand/, Stand: 12.12.2016 14:00 Uhr.

wendig empfunden. All diese verursachenden Faktoren führen letztlich zu fehlender Motivation oder ungenügender Unterstützung der Veränderungsvorhaben auf der Seite der Mitarbeiter. Nachdem nun dargestellt wurde, wie Widerstände entstehen, wird im folgenden Abschnitt noch kurz auf die grundlegenden Arten von Widerständen und deren Ausprägungen eingegangen.

3.2 Indikatoren und Arten von Widerstand

Es ist grundsätzlich von großer Bedeutung für Unternehmen, Widerstände zu identifizieren und analysieren, um entscheiden zu können um welche Art von Widerstand es sich handelt. Diese Unterscheidung ist wichtig für die Ableitung der richtigen Maßnahmen und den richtigen Umgang mit Widerständen.

3.2.1 Mögliche Äußerung von Widerstand

Widerstände im Changemanagement lassen sich hinsichtlich ihrer Äußerung und demnach den Indikatoren für Widerstände grundsätzlich in vier unterschiedliche Kategorien einordnen. Es wird zwischen aktivem oder passivem und verbalem oder non-verbalem Widerstand differenziert. Demnach entstehen vier unterschiedliche Kategorien, die in Tabelle 1 übersichtlich dargestellt werden.

	Verbal (Sprechen)	**Non-verbal** (Verhalten)
Aktiv (Angriff)	Widerspruch	Aufregung
	Gegenargumentation	Unruhe
	Vorwurf	Streit
	Drohung	Intrige
	Diskussion	Gerücht
Passiv (Flucht)	Ausweichen	Lustlosigkeit
	Schweigen	Unaufmerksamkeit
	Lächerlich machen	Müdigkeit
	Diskussion nebensächlicher Fragestellungen	Abwesenheit
		Krankheit

Tabelle 1: Die vier Kategorien von Widerstandsindikatoren, Quelle: Eigene Darstellung in Anlehnung an Wolff / Berning (UFU502), S. 60.

Die erste Kategorie des aktiven, verbalen Widerstands ist am leichtesten zu erkennen und identifizieren, da die Ängste oder Bedenken hier direkt und offen gegenüber dem Vorgesetzten kommuniziert werden. Bei aktivem, non-verbalen Widerstand geschieht diese Äußerung nicht gegenüber dem Vorgesetzten, sondern sorgt für Unruhe und Gerüchte unter den Kollegen. Bei passivem, verbalem Widerstand ist die Identifikation wesentlich schwerer, da dieser hauptsächlich durch Schweigen und Ausweichen charakterisiert wird und somit auch die Ursachen für den Widerstand recht schwer zu identifizieren sind. Bei der letzten Kategorie des passiven, non-verbalen Widerstands ist häufig fehlendes Erscheinen oder Demotivation beim betroffenen Mitarbeiter zu erkennen, hier wird nicht mehr aktiv gegen das Veränderungsvorhaben angegangen, sondern es wurde meist bereits resigniert.[12]

3.2.2 Die drei Widerstandsarten

Zusätzlich zur Kategorisierung der Indikatoren für Widerstände gibt es drei grundsätzliche Arten von Widerstand zwischen denen unterschieden wird: rationaler, politischer und emotionaler Widerstand. Die erstgenannte Form ist am leichtesten zu bewältigen, da dieser Widerstand auf Basis von logischen Argumenten und Bedenken entsteht. Ist der Veränderungsprozess notwendig und begründet, ist dieser Widerstand leicht mit rationalen Argumenten zu überwinden. Bei politischem Widerstand gestaltet sich der Umgang schon schwerer, da hier die Angst vor Status- oder Machtverlust die größte Rolle spielt. Meist ist diese Art schwer zu erkennen, da der Widerstand nicht offen geäußert wird. Die letzte Kategorie von Widerständen stellt die emotionale Art dar. Hier gibt es keine rationale Grundlage, sondern lediglich Gefühle, Unsicherheit und persönliche Ängste als Ursachen. Dementsprechend ist dieser Widerstand auch am schwersten zu bekämpfen. Relevant ist außerdem, dass alle drei Arten von Widerständen sowohl zur selben Zeit als auch in derselben Person stattfinden können und somit meist gemeinsam zu behandeln sind.[13] Im nächsten Abschnitt wird der Vollständigkeit halber noch erklärt, welche Merkmale häufig auf Widerstand hindeuten.

---

[12] Vgl. Wolff / Berning (UFU502), S. 60.

[13] Vgl. Vahs (2009), S. 351 f..

3.2.3 Merkmale von Widerständen

Wie bereits bei der Kategorisierung der Widerstandsindikatoren ersichtlich wurde, kann sich Widerstand in differenzierter Art äußern und ist auch nicht immer einfach erkennbar. Da die Identifizierung und korrekte Analyse von Widerständen jedoch dringend erforderlich ist um ihnen richtig zu begegnen, gibt es einige typische Merkmale von Widerständen, auf die geachtet werden sollte. Das wohl wichtigste Merkmal stellt das Ausbleiben von Ergebnissen dar. Mitarbeiter, die nicht hinter dem Veränderungsprozess stehen, finden leicht Ausreden für fehlende Resultate. Auch ein Absinken der Leistungen kann demnach ein Anzeichen sein. Des Weiteren ist Aufmerksamkeit geboten, wenn Mitarbeiter ständig dieselben Dinge hinterfragen oder lange über Nebensächlichkeiten diskutieren. Auch Schweigen und Widerstand stellen meist einen Ausdruck von Widerstand dar, wie auch in Tabelle 1 erkennbar ist. Als heftigste Form des Widerstands ist jedoch die Sabotage oder Manipulation des Veränderungsvorhabens anzusehen. Diese kann oft schon in der Nichtleistung wichtiger Aufgaben bestehen.[14] Es ist demnach festzustellen, dass es durchaus Anzeichen für Widerstände im Changemanagement gibt und es von großer Bedeutung ist, diese rechtzeitig zu erkennen und dementsprechend weiter zu beobachten um gegebenenfalls Gegenmaßnahmen einzuleiten. Wie diese Maßnahmen aussehen können wird im folgenden Kapitel vorgestellt.

4 Umgang mit Widerstand im Changemanagement

Wenn der erste Schritt getan ist und Widerstände identifiziert und kategorisiert wurden, sollte schnellstmöglich mit Gegenmaßnahmen begonnen werden. Hierzu gibt es eine Vielzahl an Möglichkeiten, die jeweils situationsgerecht eingesetzt werden sollten. Zunächst gibt es einige Grundsätze, die beim Umgang mit Widerstand hilfreich sind und deshalb stets berücksichtigt werden sollten.

4.1.1 Prinzipien für den Umgang mit Widerstand

Vier Grundsätze sollten immer bedacht werden, wenn Widerstand in Veränderungsprozessen auftritt. Der erste davon besagt, dass generell ohne Widerstände keine

---

[14] Vgl. Groth (2011), S. 93 ff..

Veränderungen geschehen. Das bedeutet, dass es eher bedenklich ist, wenn kein Widerstand zu spüren ist, da dies sowohl mangelndes Interesse als auch mangelndes Vertrauen in den tatsächlichen Vollzug der Veränderung ausdrücken kann. Des Weiteren ist es wichtig zu wissen, dass hinter Widerstand immer eine verdeckte Botschaft steckt, die es herauszufinden gilt. Dies lässt sich auf die Verknüpfung von sachlicher und emotionaler Ebene bei Widerständen zurückführen, die im Kapitel der Widerstandsursachen bereits behandelt wurde. Ein sehr wichtiges weiteres Prinzip besagt außerdem, dass Widerstände immer zu Blockaden führen, wenn sie ignoriert werden. Demnach kann der fehlende oder falsche Umgang mit Widerstand im Changemanagement schnell dazu führen, dass die Veränderung gefährdet wird oder sogar scheitert. Der richtige Umgang mit Widerstand ist deshalb ein erfolgskritischer Faktor für Unternehmen. Als letzter und wichtigster Grundsatz ist die Tatsache zu nennen, dass immer mit dem Widerstand gegangen werden sollte, dieser also positiv genutzt werden sollte, anstatt ihn brechen zu wollen. Es ist also notwendig, Widerstand als Chance und nicht als Problem zu sehen, hieraus können beispielsweise Verbesserungen oder Weiterentwicklungen des Vorhabens resultieren.[15] Wie dies in der Praxis aussehen kann und welche Maßnahmen hierfür eingesetzt werden können, ist das Thema des folgenden Abschnitts.

4.1.2 Maßnahmen zur Beseitigung von Widerstand

Da der richtige und angemessene Umgang mit Widerstand aufgrund der möglichen Zielgefährdung erfolgsentscheidend für Unternehmen sein kann, ist eine Beschäftigung mit diesem Thema unausweichlich. Nachdem bereits die möglichen Ursachen, Anzeichen und Arten von Widerstand vorgestellt und erläutert wurden, wird nun noch aufgezeigt, welche Maßnahmen angewandt werden können, wenn Widerstände identifiziert wurden. Wichtig ist, dass Widerstände ganzheitlich betrachtet werden, d.h. die zugrundeliegenden Ursachen bekämpft werden und nicht lediglich die Symptome. Diese Ursachen sind meist sowohl sachlicher als auch emotionaler Natur und müssen demnach auch auf beiden Ebenen behandelt werden.[16] Außerdem ist es notwendig, dass Widerstände im Changemanagement als normal und notwendig ange-

---

[15] Vgl. Doppler / Lauterburg (2005), S. 333 f..

[16] Vgl. Wolff / Berning (UfU502), S. 61.

sehen werden, damit diese positiv genutzt und damit auch überwunden werden können.[17]

Grundsätzlich muss in jedem Changemanagement-Prozess herausgefunden werden,
wie die Akzeptanz der Mitarbeiter zu erreichen ist, damit diese den Veränderungsprozess mittragen und hinter ihm stehen. Hierzu gibt es vier Handlungsfelder, die
beachtet werden sollten, um Widerstände zu minimieren: Kommunikation, Qualifikation, Motivation und Organisation.[18] Der wichtigste Aspekt ist hierbei die Kommunikation. Mitarbeiter, die frühzeitig, offen und vollständig über die notwendigen
Veränderungen und die zugrundeliegenden Gründe informiert werden, haben meist
Verständnis und werden sich nicht gegen die Veränderung sträuben. Außerdem sollten die betroffenen Mitarbeiter mit einbezogen werden und die Kommunikation sollte als Dialog gestaltet sein. Hierfür eignen sich beispielsweise Workshops oder
Group Meetings, um ein Bewusstsein für die Notwendigkeit der Veränderung zu
schaffen. Mitarbeiter, die sich als Teil des Prozesses fühlen, haben weniger Angst
und sind damit auch weniger verunsichert. Es ist sehr hilfreich, erkannte Widerstände
offen zu thematisieren, zu hinterfragen und vor allem aktiv zuzuhören, um die wah-
ren Beweggründe der Mitarbeiter zu identifizieren. Des Weiteren sollte für die Mitarbeiter ein vertrauensvolles Verhältnis geschaffen und laufendes Feedback ermöglicht und eingeholt werden, um über das Befinden und die Einstellungen der Mitarbeiter auf dem Laufenden zu bleiben.[19]

Beim zweiten Handlungsfeld der Qualifikation ist es besonders wichtig, sowohl die
fachliche als auch die methodische und soziale Kompetenz der Mitarbeiter und Füh-
rungskräfte zu beachten und mit einzubeziehen. Meist müssen diese bei Veränderungen auch angepasst und erweitert werden. Dies kann durch Schulungen und
Coaching sowohl am Arbeitsplatz als auch separat vom Arbeitsplatz erfolgen.[20]

---

[17] Vgl. Bartscher / Stöckl (FGI402), S. 17.

[18] Vgl. Wolff / Berning (UFU502), S. 62.

[19] Vgl. Bartscher / Stöckl (FGI402), S. 17 ff..

[20] Vgl. Wolff / Berning (UFU502), S. 62.

Zur Motivation der Mitarbeiter ist es sehr wichtig, immer wieder Erfolgserlebnisse sowie Anreize für die angestrebte Veränderung zu schaffen. Diese Anreize können finanziell sein, jedoch auch aus interessanten Aufgabenstellungen oder mehr Eigenverantwortung für die Mitarbeiter bestehen. Dies hängt vom Einzelfall und von den Ursachen für den Widerstand ab. Wichtig für die Akzeptanz der Änderungen ist außerdem, dass eine Atmosphäre geschaffen wird, in der Fehler als Lernerfahrung angesehen und nicht bestraft werden. Diese ermöglicht den Mitarbeitern eine langsame und vorsichtige Annäherung an die neuen Umstände und Aufgaben.[21] Wichtige Aspekte, die im Zusammenhang mit der Motivation der Mitarbeiter zu berücksichtigen sind, sind beispielsweise Lohn, Sicherheit, soziale Bedürfnisse, Anerkennung, Eigenverantwortung und Weiterentwicklung. Oftmals fühlen Mitarbeiter sich durch das anstehende Veränderungsvorhaben in einem dieser Bereiche eingeengt oder negativ beeinflusst. Dann muss nach Lösungen gesucht werden, um den Mitarbeitern ihre Angst und Unsicherheit zu nehmen, damit ihre ganze Energie für die Veränderung genutzt werden kann.[22]

Das letzte relevante Handlungsfeld ist das der Organisation. Hiermit sind organisatorische Rahmenbedingungen gemeint, die für das Changemanagement wichtig sind und Widerständen entgegen wirken können. Als wichtigster Punkt ist hierbei zu nennen, dass so viele betroffene Mitarbeiter wie möglich in den Veränderungsprozess mit einzogen werden sollten, um deren Akzeptanz und Unterstützung zu gewinnen. Des Weiteren ist es wichtig, eine Kombination aus internen und externen Beratern für das Changemanagement zu gewinnen, damit diese sich gegenseitig ergänzen können. So kennen interne Berater beispielsweise die Strukturen des Unternehmens und können die Stimmung unter den Mitarbeitern besser einschätzen, während externe Berater nicht die Gefahr der Betriebsblindheit haben und für negativ behaftete Aufgaben einspringen können.[23]

Es ist also gut zu erkennen, dass es eine Vielzahl an Möglichkeiten und Maßnahmen gibt, um Widerständen im Changemanagement zu begegnen und diese positiv zu

---

[21] Vgl. Bartscher / Stöckl (FGI402), S. 17 ff..

[22] Vgl. Doppler / Lauterburg (2005), S. 328 ff..

[23] Vgl. Wolff / Berning (UFU502), S. 63.

nutzen. Generell muss Widerstand zunächst erkannt, dann die dahinterliegenden Ursachen verstanden und im letzten Schritt der Widerstand genutzt werden. Widerstand
sollte als Informationsquelle gesehen werden, die Auskunft über mögliche Probleme
und die Bedürfnisse der Mitarbeiter gibt. Grundsätzlich sollte Verständnis für die
Ängste der betroffenen Mitarbeiter gezeigt werden und versucht werden, das Veränderungsvorhaben aus deren Perspektive zu betrachten. Außerdem muss auf Transpa-
renz geachtet werden, diese macht es für Mitarbeiter leichter, Veränderungsprozesse
nachzuvollziehen und sich mit ihnen zu identifizieren.[24] Im Anschluss an die Darstellung der Möglichkeiten zur Bewältigung von Widerständen im Changemanagement
erfolgen nun eine Zusammenfassung und kritische Reflexion der Ergebnisse.

5 Zusammenfassung und kritische Reflexion

Im Rahmen der vorliegenden Arbeit wurde auf die möglichen Gründe für das häufige
Auftreten von Widerständen im Changemanagement und auf die Möglichkeiten diesen zu begegnen eingegangen. Hierbei wurde deutlich, dass Widerstände bei Veränderungen unumgänglich und sogar notwendig und nützlich sind. Aus diesem Grund
ist ersichtlich geworden, dass der richtige und situationsgerechte Umgang mit Widerstand erfolgsentscheidend ist, um sich an die laufenden externen und internen Veränderungen anzupassen. Wie in der Einführung bereits erwähnt wurde, gewinnt deshalb
die Auseinandersetzung mit den in diesem Zusammenhang denkbaren Maßnahmen
und Möglichkeiten immer mehr an Bedeutung für Organisationen und sollte von Unternehmen nicht unterschätzt werden.

Es ist wichtig, die möglichen Ursachen und Arten von Widerständen genau zu kennen, um diese identifizieren zu können und dann die richtigen Maßnahmen anzu-
wenden, um ihnen zu begegnen. Es ist aufgrund der ständig steigenden Dynamik und
Komplexität der wirtschaftlichen Rahmenbedingungen anzunehmen, dass die Bedeutung des Changemanagements und damit auch des Widerstands in diesem Zusammenhang noch mehr zunehmen wird und die detaillierte Beschäftigung mit der Me-
thodik aus diesem Grund unerlässlich für den Erfolg von Unternehmen ist. Eine de-

---

[24] Vgl. Jeggle (2013): „Blockaden im Change Management", URL:
http://www.avenue.de/2013/08/blockaden-change-projekte/, Stand: 12.12.2016 14:00 Uhr.

taillierte Untersuchung des Changemanagements und aller wichtigen Faktoren würde jedoch sowohl den Umfang als auch die Zielsetzung der vorliegenden Arbeit übersteigen, weshalb die Arbeit mit einem Überblick über die wichtigsten Ursachen, Arten und Indikatoren von Widerständen sowie den Möglichkeiten zur Überwindung von Widerständen verbleibt.

6 Literaturverzeichnis

Bartscher, Thomas / Stöckl, Juliane (FGI401): Changemanagement und Teament-wicklung – Changemanagement: Grundlagen und Konzepte, AKAD Bil-dungsgesellschaft mbH.

Bartscher, Thomas / Stöckl, Juliane (FGI402): Changemanagement und Teament-wicklung – Changemanagement: Methoden und Praxisbeispiele, AKAD Bil-dungsgesellschaft mbH.

Bornemann, Stefan (2014): „Die menschliche Herausforderung des Change Mana-gements: Widerstände identifizieren und verstehen", URL: http://www.lead-conduct.de/2014/06/01/change-management-widerstaende/, Stand: 12.12.2016 14:00 Uhr.

Claßen, Martin (2008): Change Management aktiv gestalten – Personalmanager als Architekten des Wandels, Köln: Luchterhand Fachverlag.

Czichos, Reiner (2016): Erfolgsfaktor Change Management – Den Wandel im Un-ternehmen aktiv gestalten und kommunizieren, Freiburg: Haufe Gruppe.

Dalheimer, Veronika / Krainz, Ewald E. / Oswald, Margit (1998): Change Manage-ment auf Biegen und Brechen? – Revolutionäre und evolutionäre Strategien der Organisationsveränderung, Wiesbaden: Gabler Verlag.

Doppler, Klaus / Fuhrmann, Hellmuth / Lebbe-Waschke, Birgitt / Voigt, Bert (2002): Unternehmenswandel gegen Widerstände – Change Management mit den Menschen, Frankfurt/Main: Campus Verlag.

Doppler, Klaus / Lauterburg, Christoph (2005): Change Management – Den Unter-nehmenswandel gestalten, 11.Auflage, Frankfurt/Main: Campus Verlag.

Grolmann, Florian (initio Organisationsberatung): „Wie sich Widerstand im Change Management positiv nutzen lässt", URL: https://organisationsberatung.net/widerstand-change-management-veraenderungsprozess/, Stand: 12.12.2016 14:00 Uhr.

Groth, Alexander (2011): Führungsstark im Wandel – Change Leadership für das mittlere Management, Frankfurt/Main: Campus Verlag.

Groth, Alexander (Leadership Journal): „Die besten Zitate über Veränderung"; URL: http://www.leadershipjournal.de/zitate/veraenderung-zitat/, Stand: 12.12.2016 21:00 Uhr.

Jeggle, David (2013): „Blockaden im Change Management", URL: http://www.avenue.de/2013/08/blockaden-change-projekte/, Stand: 12.12.2016 14:00 Uhr.

Kaune, Axel (2010): Change Management mit Organisationsentwicklung – Veränderungen erfolgreich durchsetzen, 1.Auflage, Berlin: Erich Schmidt Verlag.

Keuper, Frank / Groten, Heinz (2007): Nachhaltiges Change Management – Interdisziplinäre Fallbeispiele und Perspektiven, Wiesbaden: Gabler Verlag.

Plewa, Werner: „7 Gründe für Widerstand im Change Management", URL: https://www.kayenta.de/training-seminar/artikel/7-gruende-fuer-widerstand-im-change-management.html, Stand 12.12.2016 14:00 Uhr.

Rank, Susanne / Scheinpflug, Rita (2008): Change Management in der Praxis – Beispiele, Methoden, Instrumente, Berlin: Erich Schmidt Verlag.

Spalink, Heiner (1999): Werkzeuge für das Change Management – Prozesse erfolgreich optimieren und implementieren, 2.Auflage, Frankfurt/Main: Frankfurter Allgemeine.

Straub, Dietmar / Kuhnecke, Frank / Kirchmann, Torsten (2013): Change Management: Das Zugvogel-Prinzip – Notwendige Veränderungen erkennen und gemeinsam umsetzen, München: Carl Hanser Verlag.

TRUECARE GmbH PROJECT PERFORMANCE: „Umgang mit Widerstand im Projektmanagement", URL: http://www.projektmanagementhandbuch.de/soft-skills/umgang-mit-widerstand/, Stand: 12.12.2016 14:00 Uhr.

Vahs, Dietmar (2005): Organisation – Einführung in die Organisationstheorie und – praxis, 5.Auflage, Stuttgart: Schäffer-Poeschel Verlag.

Vahs, Dietmar (2007): Organisation – Einführung in die Organisationstheorie und – praxis, 6.Auflage, Stuttgart: Schäffer-Poeschel Verlag.

Vahs, Dietmar (2009): Organisation – Ein Lehr- und Managementbuch, 7.Auflage, Stuttgart: Schäffer-Poeschel Verlag.

Wagner, Eike (2010): „Vom Umgang mit Widerstand in Veränderungsprozessen", URL: http://www.perspektive-blau.de/artikel/1007b/1007b.htm, Stand 12.12.2016 14:00 Uhr.

Wolff, Reinhard / Berning, Ralf (UFU502): Organisation – Prozessorganisation, Change Management und Organisationstechniken, AKAD Bildungsgesellschaft mbH.